Wartburg

Text

Ernst Badstübner

Fotos

Kurt Gramer

SCHNELL & STEINER

Vordere Umschlagseite:
Ansicht von Norden mit Palas, Bergfried und Neuer Kemenate

Rückwärtige Umschlagseite:
Ansicht von Süden, von der Blidenstatt

Die Deutsche Bibliothek – CIP-Einheitsaufnahme

Wartburg / Text Ernst Badstübner. Fotos Kurt Gramer. –
3., durchges. Aufl. – Regensburg : Schnell und Steiner, 2001
(Große Kunstführer ; Bd. 196)
ISBN 3-7954-1399-0

Abbildungsnachweis
Günter Pambor, Kerspleben/Erfurt S. 6 (2), 34; Wartburg-Stiftung Eisenach: S. 30, 36; Constantin Beyer, Weimar S. 39 oben; S. 46 Ulrich Kneise, Eisenach; alle anderen Abbildungen Kurt Gramer, Bietigheim-Bissingen

3., durchgesehene Auflage 2001 ISBN 3-7954-1399-0

Diese Veröffentlichung bildet Band 196 in der Reihe „Große Kunstführer“ unseres Verlages.
Begründet von Dr. Hugo Schnell † und Dr. Johannes Steiner †

Leibnizstraße 13, D-93055 Regensburg
Druck: Erhardi Druck GmbH, Regensburg

Inhalt

Friedrich Preller d. Ä., Die Wartburg, um 1840 (?)

Das historische Bild von der Wartburg und ihre „Wiedergeburt" im 19. Jahrhundert

Als Bauwerk ist die Wartburg, was ihre gegenwärtige substantielle Präsenz angeht, wesentlich eine historistische Schöpfung des vorigen Jahrhunderts. Im Auftrag des Großherzogs Carl Alexander von Sachsen-Weimar und Eisenach hat sie der Gießener Architekt Hugo von Ritgen in den Jahren von 1849 bis nach 1860 rekonstruierend und ergänzend wiederhergestellt, im Sinne der Erneuerung einer am Mittelalter orientierten Lebenshaltung. Die Gebäude sollten als Museum ausgebaut und eingerichtet werden dergestalt, daß ein zeitweiliges Bewohnen der Räume durch die herzogliche Familie möglich werden konnte. Die erneuerte Burg war zum Andenken an die Geschichte des sächsischen Herrscherhauses und Thüringens deklariert, allerdings mit der Hinzufügung, daß dies gleichzeitig für ganz Deutschland geschehe. Und tatsächlich waren es ja auch die Symbolwerte deutscher Geschichte, die die Restauration der Wartburg veranlaßt hatten und die sich fortan mit dem so geschaffenen Bild der Burg verbanden: die Blüte hochmittelalterlicher Kultur in der Zeit um 1200, der Wettstreit der Minnesänger, den Richard Wagner zum Thema seiner Oper „Tannhäuser" gemacht hatte, das Wirken der heiligen Elisabeth als adlig-ritterliche Entsprechung zur Armutsbewegung des heiligen Franz von Assisi, dann die Übersetzung des Neuen Testaments aus dem griechischen Urtext in die deutsche Sprache durch Martin Luther während seines unfreiwilligen Aufenthaltes auf der Wartburg 1521/22, worauf sich die national gesinnte studentische Jugend bei ihrem Wartburgfest 1817, im Jubiläumsjahr der Reformation, bezog und damit den Ort zum Wahrzeichen der politischen Vereinigung deutscher Länder werden ließ. Das historische Bauwerk, das diese Ereignisse sah, galt denen, die ein Andenken an die Geschichte sich wünschten, als in seiner Gestalt unbefriedigend. Und so wurde es durch die historistisch intendierte Erneuerung zum gebauten Geschichtsmonument, mit dessen Bild sich die Erinnerung an Minnesang, Bibelübersetzung und Burschenschaft verbindet.

Den ersten Entwurf für die Erhaltung und Erneuerung legte der seinerzeit in Weimar lebende Maler Carl Alexander Simon schon 1838 vor und schrieb dazu folgendes: „Wenn ich mithin von der Erhaltung der Wartburg, ja von ihrer Wiedergeburt durch die Kunst rede, so verstehe ich darunter einen Tempel der Geschichte, in welchem die Nation sich an den Beispielen der Altvorderen sammeln kann." Für diesen Tempel der Nation fertigte Simon „eine archäologische Skizze", zwei Aquarelle mit Wiederherstellungsideen an. Danach wäre der Palas als freigestelltes Kernstück der Burg am Südende von einer halbkreisförmigen Bogengalerie eingefaßt gewesen mit einer mittleren Kapelle auf kleeblattförmigem Grundriß, im Aufbau eine Dreikonchenanlage nach Kölner Muster, der Apostelkirche oder Sankt Maria im Capitol nachgebildet. Sinn und Zweck der Anlage sollte ein Campo Santo sein, in dessen Säulengängen „die Fürsten, Dichter und Weisen ruhen." Pantheon und Walhalla waren also mit-wirkende Motivationen. Ob die Bezugnahme auf Köln ein Zeichen dafür ist, daß die kunstgeschichtliche Tatsache, nämlich die Errichtung des Palas der Burg im 12. Jahrhundert durch Bauleute vom Niederrhein, bekannt war, oder ob es sich um eine Bezugnahme auf den Kölner Dom handelt, der im Begriffe war, ein Nationaldenkmal zu werden, muß dahingestellt bleiben. Auf jeden Fall geriet auch die Wartburg in die Rolle eines Nationaldenkmals und stellte sich als Aufgabe der Architektenschaft in Deutschland.

Ausschnitt aus dem Porträt des Herzogs Johann Ernst von Sachsen-Eisenach, um 1630, von Michael Spindler

Alexander Simon, Archäologische Studie zur Wiederherstellung der Wartburg, 1838 (oben und unten)

Gegenüberliegende Seite: *Ferdinand von Quast, Entwurf zur Wiederherstellung der Wartburg, Grundriß, 1846*

Das historische Bild von der Burg vor der Erneuerung überliefern zahlreiche ältere Ansichten. Als phantastisch gilt die Darstellung Eisenachs und der Wartburg in Wiegand Gerstenbergs thüringisch-hessischer Chronik auf einer um 1500 datierten Federzeichnung. Die mit „Warperg“ bezeichnete Burg über der Stadt – die Topographie ist sehr vereinfacht, eine derartige Sichtbeziehung zwischen Burg und Stadt hat es vermutlich nicht gegeben – scheint in der Tat nur ein Signum zu sein. Neuere Untersuchungen (Hilmar Schwarz) haben auf einer Stahlradierung von ca. 1590 mit der Darstellung der Gefangennahme Luthers bei Altenstein das älteste Bild der Burg wahrscheinlich gemacht. Authentizität kann die Darstellung auf einem Bildnis Johann Ernsts von Sachsen-Eisenach, einem Gemälde von Michael Spindler um 1630, beanspruchen. Sie zeigt deutlich das „Bollwerk“ und dahinter das Torhaus, das mit dem Ritterhaus eine Einheit bildet und hinter dem das Dach der Vogtei sichtbar wird; davor der lange Elisabethengang aus Fachwerk über der östlichen Burgmauer bis an das mächtige Fachwerkgebäude Friedrichs des Freidigen, was noch Goethe 1777 so eindrucksvoll festgehalten hat, ehe es um 1800 verschwand. Der Palas mit seinen drei Schornsteinen schließt sich unmittelbar an; von den mit Blenden rundbogig überfangenen Dreierarkaden ist die der Kapelle zu erkennen. Die südliche Wehrmauer trug seinerzeit ebenfalls einen Wehrgang aus Fachwerk. In der Mitte thront über dem Ganzen das vermutlich schiefergedeckte Spitzhelmdach eines mächtigen Turms, doch wohl eines Bergfrieds, der dann spätestens am Ende des 18. Jahrhunderts nicht mehr vorhanden war. In dieser Zeit scheint die Burg überhaupt jede beeindruckende Qualität ihrer Baugestalt eingebüßt zu haben. Es wird Klage darüber geführt, wobei schon das Wissen um die geschichtliche Bedeutung das Bedauern verstärkt. Die Landschaft dagegen fasziniert, Goethe spricht es aus in einem Brief an Charlotte von Stein und hält die Empfindung in seinen Zeichnungen fest.

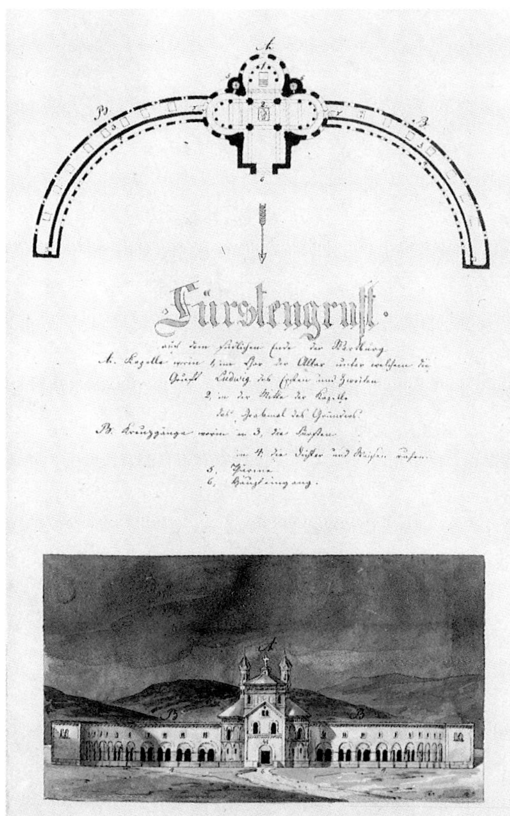

Blick auf die Wartburg von Südosten. „Prellerblick" von der Eisenacher Burg

Gegenüberliegende Seite: *Hoffassade des Palas*

Der Palas

Das immer wiederkehrende, sich relativ gleichbleibende und schließlich dominante Gebäude im Burgbild ist der Palas. Mit den unteren Teilen des um 1150 datierten Torhauses bildet er den monumentalen Bestand der staufischen Burg, die das Ludowingergeschlecht der Landgrafen von Thüringen in der zweiten Hälfte des 12. Jahrhunderts erbaut hat. Von der nach der Legende auf dem geraubten Berg 1067 durch Ludwig den Springer gegründeten und nach dem Zeugnis des Sachsenkriegchronisten Bruno 1080 bereits bestehenden Burg („castrum quod dicitur Wartberg") sind bauliche Spuren nicht überkommen. Gesetzt den Fall, das dendrochronologisch ermittelte Datum für Deckenbalken im Sockel- und Erdgeschoß von 1157 bis 1159 (Peter Klein, Wolfgang Eißing) gäbe einen Baubeginn an, dann wäre Landgraf Ludwig II. (1140–1172) der erste Bauherr des Palas gewesen. Zu diesem Datum passen auch die jüngeren kunsthistorischen Zeitbestimmungen der Kapitellplastik (Günther Binding, Dieter Großmann), nachdem ältere Autoren für eine weitaus spätere Entstehung plädierten (Georg Voß, Siegfried Asche).

Der Wartburgpalas baut sich in drei Geschossen über regelmäßig rechteckigem Grundriß auf; ein zusätzliches Sockelgeschoß ergibt sich nach Süden als notwendige Substruktion wegen des abfallenden Felsens. Zum Hang hin zeigt er sich wohl wesentlich in der ursprünglichen Form: relativ geschlossen das Erdgeschoß mit eingetreppten Rundbogenfenstern in recht regelmäßigen Abständen, das Hauptgeschoß mit rundbogig überblendeten Triforien auf paarig hintereinandergestellten Säulen, das Obergeschoß mit Triforien ohne Blendüberfangungen und mit einfacher Säulenstellung. Im Sommer 1992 stand seit 1926 zum ersten Mal wieder ein Gerüst an der Ostseite des Palas, es wurde ein Aufmaß stein- und verformungsgerecht angefertigt und das Alter des Baumaterials bestimmt. Dabei fanden sich Putzritzfugen und Farbspuren, die auf die Entstehungszeit zurückgehen könnten, auf jeden Fall mittelalterlich sind. Die Farbrekonstruktion nach den Befunden (Roland Möller) ergibt ein purpurnes Obergeschoß über hellfarbenen Untergeschossen. Die Bauforschung (Elmar Altwasser) lieferte ferner den Nachweis, daß das Mauerwerk des Palas in Gänze auf das 12. Jahrhundert zurückgeht und nur in Teilen ausgewechselt worden ist. Die Kapitelle gehören in den seltensten Fällen dazu, es sind Erfindungen oder Kopien; letztere weisen deshalb die charakteristische Wölbung der Deckplattenunterkante auf, ein Merkmal, das mit für die niederrheinische Herkunft der Steinmetzen und Bildhauer steht: Sie findet sich in Schwarzrheindorf, wo auch die Kapitellornamentik ihre hervorstechendsten Parallelen hat (Georg Voß, Gert Ressel). Die Zusammenhänge dürften jedoch allgemeinerer Art gewesen sein und für gleichfalls verwandte Formen mit niederrheinischer Kapitellplastik, etwa in Köln, Brauweiler und Maastricht gesorgt haben.

Zeigt sich der Palas an der Nordseite, die als gestaltete Architektur ja nur aus der Fernsicht wahrgenommen werden konnte, mit der regelmäßigen Reihung von Dreierarkaden in Haupt- und Obergeschoß, bereits in einer Gestaltung, die eine ausschließlich repräsentative Funktion des Gebäudes erwarten läßt, so findet sich dies durch die Fassadengestalt der Hofseite und durch die Gestalt der Innenräume bestätigt. Dreigeschossig tritt

Arkaden der offenen Galerie im Erdgeschoß des Palas

Doppelkapitelle, vermutlich aus dem Palaserdgeschoß

auch die Hofseite in Erscheinung. Die Fassade kann in der Frontalansicht in Gänze nur schwer wahrgenommen werden, ist aber ohne Zweifel so komponiert. Es ergeben sich zwei schmalere Seitenteile mit geschlossenem Mauerwerk, die einen breiteren, in sich dreigegliederten Mittelteil zwischen sich nehmen, der völlig von Arkadenstellungen aufgelöst ist. Diese Komposition hat Karl Swoboda veranlaßt, den Wartburgpalas von der römischen Portikusvilla der Spätantike herzuleiten. Die offenen Bogenstellungen der Galerien sind in jedem der drei Geschosse unterschiedlich geordnet. Im Erdgeschoß werden je vier Arkaden von dreimal zwei Blendbogen überfangen, und es wechseln in den Gewänden und in der Mitte stehende Säulenpaare mit einfachen Zwischenstützen. Es ergeben sich dreimal je zwei Doppelarkaden mit je vier Bögen. Untereinander sind sie von zwei Mauerstücken getrennt, die wie Pfeiler wirken und bis ins Hauptgeschoß zu reichen scheinen. Dort sind sie zusätzlich durch flache Lisenen gekennzeichnet, die vertiefte, mit Rundbogenfriesen abgeschlossene Wandfelder bilden und als Rahmen für je fünf gleichmäßig gereihte Arkaden auf Säulenpaaren dienen. Über einem kräftigen

Rittersaal

Gesims springt das dritte Geschoß etwas zurück – es wird eine bauliche Zäsur postuliert –, und der gleiche Arkadenrhythmus, nun wieder mit der Vierzahl, folgt in den Vertikalachsen. Ob die Doppelung der Mittelstützen auf einen Originalbefund zurückgeht oder eine Erfindung des vorigen Jahrhunderts ist, muß offen bleiben; sie nimmt den artifiziellen Stützenwechsel des Erdgeschosses jedenfalls auf.

Diese ursprünglich offenen Bogengalerien, deren Benutzung durch die Hofgesellschaft man sich wie bei Kirchenemporen vorstellen kann, bilden Korridore vor den Räumen des Inneren. In etwa entspricht die innere Gliederung, zumindest der beiden unteren Geschosse, dem äußeren Aufbau: Es wird immer ein größerer längsrechteckiger mittlerer Raum von annähernd quadratischen Räumen an den Schmalseiten eingefaßt. Im Erdgeschoß sind die Flankenräume, der Rittersaal und die Elisabethkemenate, kreuzgratgewölbt: je vier Kompartimente ruhen auf einer mittleren Säule. Beide Säulen tragen Adlerkapitelle. Den mittleren Raum, den Speisesaal, deckt eine Balkendecke, deren Unterzug ebenfalls von einer Säule mit Adlerkapitell gestützt wird.

Speisesaal

Adlerkapitelle und Löwenbasis (gegenüber) *in den Palasräumen*

Die Verbindung zwischen Erd- und Hauptgeschoß stellt eine Treppe im Inneren her, mit geradem und tonnenüberwölbtem Lauf. Sie führt zwischen Ritter- und Speisesaal in den Sängersaal, also den ersten Fest- oder herrschaftlichen Saal, doch wohl eine aus dem europäischen Süden übernommene Gewohnheit des Palastbaues anstelle von meist hölzernen Außen- oder Freitreppen sonst im Burgenbau. Im Hauptgeschoß ist nur der südliche Flankenraum gewölbt, angeblich erst nach 1317, als der anschließende größere Festsaal verkürzt wurde, um eine Kapelle zu gewinnen. Der Festsaal dieses Geschosses, eben der heutige Sängersaal, behielt aber längsrechteckige Form und seine von zwei Säulen getragene Balkendecke. Mit flacher Holzdecke gedeckt ist auch der nördliche Flankenraum, das „Landgrafenzimmer". In ihm steht die schönste Säule des Wartburgpalas mit Löwensockel und Adlerkapitell.

Spätestens jetzt wäre die Frage der Datierung anzusprechen. Nachdem der Palas der Wartburg in der Zwischenzeit mehr in den Anfang des 13. Jahrhunderts gesetzt wurde, ganz entschieden von Siegfried Asche in den 50er Jahren, hatte sich dann wieder – wie schon Georg Voß 1917 – eine Ansetzung der unteren Geschosse gegen 1170/80 durchgesetzt (Günther Binding 1967, Kurt Ressel 1977); das dritte Geschoß galt unumstritten als später entstanden. Das Ergebnis der dendrochronologischen Untersuchungen läßt am frühen Baubeginn keinen Zweifel mehr aufkommen, auch die Kapitellornamentik der Säulen im Erd- und im Hauptgeschoß wird dem letzten Drittel des 12. Jahrhunderts angehören. Die Säule im Landgrafenzimmer könnte dem aber, stilistisch gesehen, etwas entgegenstehen und eher an eine spätere Entstehung denken lassen. An der Ursprünglichkeit der Säule im Landgrafenzimmer ist aber nie gezweifelt worden. Die anderen Säulen oder ihre Kapitelle sind nicht original an dieser Stelle, sondern aus anderen Eisenacher Bauten auf die Wartburg gekommen, woraus auf eine rege und bedeutende spätromanische Bautätigkeit in der Stadt geschlossen werden kann und von der noch heute die Kapitelle in der Nikolaikirche am Karlsplatz Zeugnis ablegen.

Die baugeschichtliche Zäsur im zweiten und dritten Geschoß zeitlich zu fixieren, ist kaum möglich, ebenso schwer die Datierung des Weiterbaus und der Vollendung. Vor dem großen Festsaal, der die ganze Länge des Bauwerks einnahm, und seit 1860/67 wieder einnimmt, verläuft wie in den unteren Geschossen eine Galerie. Sie ist auch im Inneren mit Arkaden und jetzt drei Durchgängen, der unteren Raumeinteilung entsprechend, dem Festsaal verbunden. Ob die Durchgänge an den Enden dieser Galerie ursprünglich sind, sei dahingestellt. Der mittlere, breiter und höher als die anderen, scheint der eigentliche, der Haupteingang gewesen zu sein. Er hätte dem Saal quergerichtete Raumwirkung (und -funktion?) gegeben, einer Aula regia ähnlich. (Jetzt wird durch Konzertpodium und Bestuhlung eine Längsrichtung suggeriert.) Flankiert wird die rundbogig geschlossene Durchgangsöffnung von Doppelbögen, die auf einer Mittelsäule ruhen: im ganzen vergleichbar dem Eingang zum Kapitelsaal eines Klosters.

Die Säulen dieser und der meisten anderen Arkaden der Festsaalgalerie bestehen aus einem importierten, der römischen Eifelwasserleitung entstammenden Kalksinter-Material, ihre Kapitelle sind noch durchweg original und gehören stilistisch einer

Elisabethkemenate

Sängersaal

Treppe im Palas

Mittlerer Haupteingang zum Festsaal aus der Festsaalgalerie

Landgrafenzimmer

Festsaal im dritten Geschoß des Palas

älteren Gruppe an. Will man also die Annahme eines nachträglich hinzugefügten Festsaalgeschosses aufrechterhalten, muß man bei der Verwendung vorhandenen älteren Formengutes doch die Vollendung des Palas als dreigeschossiges Repräsentationsgebäude der Burg von Anfang an als in der Bauabsicht gelegen anerkennen. Die eingangs erwähnten Bauforschungen an der Ostwand scheinen das zu bestätigen: Die drei Kaminschornsteine gehen durch alle drei Geschosse und haben die Beheizung auch des dritten Geschosses von vornherein berücksichtigt.

Über die mittelalterliche Gestalt des Festsaales ist eine Aussage nicht zu machen, sein gegenwärtiges Aussehen verdanken wir Hugo von Ritgen und angeblich Franz Liszt, der bezüglich der Akustik beriet. Der Festsaal ist das Produkt der Wiedergeburtszeit im 19. Jahrhundert und mehr Bestandteil des gebauten Geschichtsmonuments als des historischen Bauwerkes. Franz Liszt dirigierte zur Einweihung des neugestalteten Festsaales im Jubiläumsjahr 1867 sein Oratorium „Die Legende der heiligen Elisabeth". Für die Erneuerer der Wartburg stand fest, daß die ungarische Königstochter und Landgräfin von Thüringen die glücklichsten Jahre ihres Lebens auf der Wartburg zugebracht hatte, ebenso wie sie glaubten – und am Ort verbietet die Ehrfurcht vor der Geschichte jeden Zweifel daran –, daß der Sängerkrieg auf der Wartburg hier in diesem Saal in eben der Form stattgefunden hat, wie ihn das Fresko Moritz von Schwinds an der Südwand zeigt.

Die hohe baukünstlerische Qualität des Palas, obwohl erst durch die Wartburgerneuerung des spätromantischen Historismus wiedergewonnen, ist Zeugnis mittelalterlicher Architekturgeschichte, geschichtlich staufisch, stilistisch hochromanisch, als nicht sakrales Bauwerk einmalig im Denkmalbestand nördlich der Alpen, auch unter den immer wieder zum Vergleich herangezogenen Kaiserpfalzen. Hinzu kommt die exponierte Lage eines solchen prunkvollen, farbig strahlenden Gebäudes ohne Zeichen einer künstlichen Befestigung – abgesehen von den als Wehrgänge gedeuteten geschlossenen Fortsetzungen der Arkadengalerie im Erdgeschoß – auf der das Land überragenden Bergspitze. Im strategischen Zweck kann sich der Sinn der Burganlage nicht erschöpft haben. Welchen Funktionen der Herrschaft, welchen Ritualen, welchen Zeremonien – solche sind über die phantasievoll vorgestellten ritterlichen Feste hinaus vorauszusetzen – mag der Palas gedient haben? Hier bleibt der Forschung noch ein weites Feld!

Der Sängerkrieg auf der Wartburg und die heilige Elisabeth

Die Räume des Palas werden landläufig mit den historischen Ereignissen, die während des Mittelalters auf der Wartburg stattgefunden, und mit den Personen, die hier gelebt haben, in Zusammenhang gebracht und ihre Benennungen davon abgeleitet. Danach hätten sich im Rittersaal die wachhabenden Männer und in der Elisabethkemenate die Frauen aufgehalten, im Landgrafenzimmer hätte der Fürst seines Regierungsamtes gewaltet, und im Sängersaal wären die Feste gefeiert worden, von denen das größte und bekannteste der Sängerkrieg gewesen ist. Den neueren Datierungen zufolge müßte für dieses Ereignis im Jahre 1206 allerdings schon der große Festsaal im dritten Obergeschoß des Palas zur Verfügung gestanden haben. Schließlich aber ist es ja gänzlich offen, ob und wo die Minnesänger ihren Wettstreit ausgefochten haben. Die legendäre Überlieferung, die seit etwa 1280 (Vita Ludovici) und 1330 (Annales Reinhardbrunnenses) sowie durch Richard Wagners Oper und Moritz von Schwinds Fresko als Austragungsort den Sängersaal im Palas auf der Wartburg ein für allemal festgelegt hat, meint eigentlich nicht mehr und nicht weniger, als daß die fürstlichen Häuser der Stauferzeit als Mäzene von Kunst und Literatur miteinander wetteiferten, und der Hof Thüringens war führend unter ihnen. Die direkt und indirekt als beteiligt genannten Personen waren in die Reichspolitik und in die nie enden wollenden Auseinandersetzungen um König- und Gegenkönigtum verwickelt. Landgraf Hermann I. (1190–1217), der Veranstalter des Sängerkrieges, wird von der Geschichtsschreibung als „politische Windfahne" (Eduard Winkelmann) bewertet, seine herausragende Rolle als Förderer von Kunst und Literatur aber nicht in Frage gestellt. In seiner Ägide entstanden die beiden Wartburgpsalter, der Landgrafen- und der Elisabethpsalter, die beide mit hochrangigen Buchmalereien in einer niedersächsischen Malschule ausgeziert worden sind. Die Romane, Heinrich von Veldekes „Eneit", Herbort von Fritzlars „Trojanerkrieg" und Wolfram von Eschenbachs „Willehalm", gelten als

Der Sängerkrieg, Fresko von Moritz von Schwind, 1854 (Ausschnitt)

in seinem Auftrag entstanden oder vollendet, weitere werden vermutet. Von den Lyrikern gehörte Walther von der Vogelweide zu „des milten lantgraven ingesinde". Mit dem Tode Hermanns I. scheint die Blüte von Epik und Lyrik in Eisenach abgebrochen zu sein; dagegen sind später geistliche Spiele bezeugt. Aber in der Sage, die sich mit der Legende der heiligen Elisabeth verknüpfte, lebte sie fort bis in das 19. Jahrhundert.

Hermanns I. zweite Frau Sophia, die Tochter Ottos I. von Wittelsbach, der seit dem Sturz Heinrichs des Löwen mit dem Herzogtum Bayern belehnt war, hielt Haus während des Sängerkrieges und schützte den im Wettstreit unterlegenen Heinrich von Ofterdingen vor dem Zugriff des Henkers Stempfel, während Wolfram den Sieg forderte – so zeigt es die mittlere Szene vor der Sängerlaube auf Schwinds Wandbild. (Die Sängerlaube im Sängersaal ist eine innenarchitektonische Erfindung Hugo von Ritgens, die Schwind für die Darstellung des Ereignisses übernahm und die der bayerische König Ludwig II. im Festsaal seines Schlosses Neuschwanstein zitierte). Ofterdingen hatte den Herzog Leopold VI. von Österreich, einen konkurrierenden Mäzen, im Gesang gelobt und sollte hingerichtet werden. Sophia unterstützte ihn in seinem Verlangen, den Zaubermeister Klingsor aus Ungarn als Schiedsrichter zu bestellen. So wurde der Schieds-

Sängerlaube im Sängersaal

spruch um ein Jahr verschoben. Über den Hof Leopolds in Wien zog Ofterdingen nach Ungarn, wo Andreas II., der Vater der heiligen Elisabeth, König war, und übers Jahr kehrte er mit dem Zauberer nach Eisenach zurück. Die beiden nahmen Quartier im Hof des Heinrich Hellgreve neben dem Georgentor. Im Garten des Wirts verkündete Klingsor die Geburt der Tochter seines Königs, die dem Sohn des Thüringer Landgrafen zur Gattin gegeben werden würde. Angesichts solcher bevorstehender Ereignisse verlor der Streit der Sänger an Bedeutung. Nach einigen Rätselspielen, in denen Klingsor beinahe von Wolfram von Eschenbach besiegt worden wäre, „ging der Sängerkrieg aus wie das Hornberger Schießen“ (Conrad Höfer). Man vermutet die Legendenverknüpfung in Zusammenhang mit der Heiligsprechung Elisabeths um 1235.

Elisabeth von Thüringen, die Tochter des ungarischen Königs Andreas II., geboren 1207, kam tatsächlich im Alter von vier Jahren 1211 nach Eisenach. 1221 wurde sie mit Landgraf Ludwig IV. in der Eisenacher Georgenkirche getraut. Dieser hatte die Herrschaft seit 1217 inne und erntete die Früchte von seines Vaters Wendepolitik. 1221 übernahm er die Vormundschaft über den unmündigen Neffen Heinrich von Meißen, der später der Erlauchte genannt wurde. Ludwig war bemüht, seit 1226 sogar mit Aussicht auf die Belehnung mit den Marken Meißen und Lausitz im Falle eines Aussterbens der Wettiner, deren Herrschaftsgebiet nach Nordosten zu erweitern. Deshalb finden wir ihn 1225 an der mittleren Oder als Konkurrenten der brandenburgischen Askanier um piastisches Land und um den Zugang zur Ostsee. Zusätzlich zur Eventualbelehnung mit den wettinischen Marken war auch Preußen, das Land an der unteren Weichsel, als ein noch zu eroberndes Gebiet dem Landgrafen von Thüringen von Kaiser Friedrich II. zugesprochen worden. Was sich da abzeichnete, war die Antizipation von Reichsherrschaft, ein Ziel, das die Ludowinger auch nach dem Tod Ludwigs IV. (des Heiligen) weiter im Auge behielten. Der Preis für den Machtzuwachs war die Zusage zur Teilnahme am Kreuzzug. Am 24. Juni 1227 nahm Ludwig in

Schmalkalden Abschied von Elisabeth, am 11. September starb er am Fieber in Otranto.

Der Bruder Ludwigs, Heinrich Raspe, zunächst nur Vormund des noch minderjährigen rechtmäßigen Nachfolgers Hermann II., erhielt die Landgrafschaft Thüringen und die Pfalz Sachsen 1231 vom Kaiser zum Lehen. Er behielt sie bis zu seinem Tod 1247. Der andere Bruder Ludwigs IV., Konrad, solange fürstlichen Standes eine Art Verweser des hessischen Landesteiles, trat 1234 in den Deutschen Ritterorden ein und avancierte 1239 zum Hochmeister. Die Beziehungen der Ludowinger zum Deutschen Orden waren seit dessen Gründung 1198 im Heiligen Land vor Akkon, an der Hermann I. sich beteiligt hatte, recht eng. Jetzt aber verbanden sich die expansionistischen Ambitionen der Ludowinger mit den Interessen des Ordens an einer Staatsbildung in Preußen. Der Höhenflug währte nicht ein Jahr, am 24. Juli 1240 starb Konrad in Rom. Er weilte dort, um für eine Aussöhnung zwischen Kaiser und Papst zu verhandeln. Heinrich Raspe verließ die staufische Partei erst Mitte der vierziger Jahre des 13. Jahrhunderts, was ihm dann die Wahl zum Gegenkönig durch die Erzbischöfe von Mainz, Köln und Trier und die dauernde Bezeichnung „Pfaffenkönig" einbrachte.

Die heilige Elisabeth, die Freundin der Mühseligen und Beladenen, Werke der Barmherzigkeit ausübend – Hungrige speisen, Durstige tränken, Nackte bekleiden, Gefangene trösten und Kranke besuchen –, sie paßt wenig in dieses Bild machtpolitischer Blüte. Sie hing dem Armutsideal des Franz

Elisabethgalerie vor dem Sängersaal im mittleren Geschoß des Palas

Elisabeth nimmt Abschied von ihrem Gemahl, Fresko von Moritz von Schwind, 1854

Elisabeth flieht mit ihren Kindern von der Wartburg, Fresko von Moritz von Schwind, 1854

von Assisi an, war gleichsam sein fürstliches Analogon, und hat gewiß die Ansiedlung von Franziskanern in Eisenach und Thüringen gefördert. Unterhalb der Wartburg und auch in der Stadt gründete sie ein Spital. Die fürsorgende Tätigkeit Elisabeths muß zumindest die Duldung ihres Gemahls erfahren haben, auch wenn die Mär vom Rosenwunder auf Mißbilligung schließen lassen soll. Zum Konflikt mit dem Hof kam es erst, von den Zwistigkeiten mit der Schwiegermutter Sophia abgesehen, nach dem Tod Ludwigs. Elisabeth mußte mit ihren Kindern die Burg und schließlich auch Eisenach verlassen. Sie bezog ein Witwengut in Marburg und gründete dort 1228 wieder ein Hospital, das sie dem Franziskanerorden übertrug. Sie starb 24jährig am 17. November 1231 und wurde in der Kapelle des Spitals begraben. Ihr caritativer Eifer und eine als extrem überlieferte Askese – bekannt sind die Bußübungen mit ihrem Beichtvater, dem angeblichen Prämonstratenser Konrad von Marburg – haben die Bemühungen um ihre Heiligsprechung begünstigt, die der Deutsche Orden und das Landgrafenhaus gemeinsam betrieben. Elisabeth sollte die Heilige aus der eigenen Dynastie und eine Patronin des Ordens werden. Die Kanonisation erfolgte 1235. Der Deutsche Orden hatte schon vorher ein Zentrum in Marburg geplant mit einer Kirche Santa Maria in Alemania, jetzt wurde aus ihr die Elisabethkirche über dem Grab der einstigen Landgräfin, die ritterliche Halle im Stile hochgotischer Kathedralarchitektur Frankreichs, ein architekturgeschichtliches Unikat wie der Palas der Wartburg auch, nicht zur Verherrlichung einer Armutsheiligen, sondern als der Mittelpunkt und Sammlungsort für eine ritterliche Adelsgruppierung mit reichspolitischen Interessen, was sich in einer kurzzeitigen Personalunion von Landgrafenhaus und Deutschem Orden manifestierte. Daß diese Interessen in Stauferfeindlichkeit mündeten, ist nur zu verständlich. Heinrich Raspe starb als Gegenkönig ohne Nachkommen. Heinrich der Erlauchte trat, nach einer Umkehr der Eventualbelehnung 1244, das Erbe an. Die Wettiner wuchsen auf Dauer in die von den Ludowingern angestrebte Position.

Die vordere Burg

Noch einige Worte zu anderen mittelalterlichen Teilen der Burg. Der Torbau an der Nordseite, der noch deutlich die ehemalige Turmgestalt spüren läßt, mit der rundbogigen, um 1150 datierten Durchfahrt, und der Palas markieren die Ausdehnung der Bebauung des Plateaus bereits unmittelbar nach der Mitte des 12. Jahrhunderts. Der Fachwerkaufsatz des Torhauses dagegen gehört zu einer Bauphase des 15. Jahrhunderts, in der der Torbau mit dem südlich anschließenden Ritterhaus zusammengeführt worden ist. Ebenfalls dem 15. Jahrhundert gehören die Fachwerkwehrgänge über den Außenmauern des vorderen (nördlichen) Burghofes an, der Margarethengang auf der Westseite und der Elisabethengang mit den weit auskragenden Erkerbauten auf der Ostseite. Dendrochronologische Untersuchungen ergaben als genaues Entstehungsdatum die Jahre 1475 bis 1480. In die gleiche Zeit fällt der

Vorderer Burghof nach Norden gesehen

Ausbau der Vogtei, in deren Obergeschoß sich die Räume befinden, die Martin Luther von Mai 1521 bis März 1522 bewohnte und wo er jenes Werk leistete, das die Wartburg zum Geschichtssymbol Deutschlands machte und zu ihrer „Wiedergeburt" in der Mitte des 19. Jahrhunderts führte.

Der Weg vom Burgtor zum mittleren (neuromanischen) Torhaus ist in den stehenden Felsen geschnitten. Das enge Hofgelände ist in verschiedene Ebenen terrassiert und wird von einer neugotischen Brüstung mit reizvollen Mustern durchbrochenen Maßwerks unterteilt. Im tiefergelegenen Teil, unterhalb des nördlichen Dirnitzgiebels, ist ein venezianischer Brunnen mit schmiedeeisernem Hebebaldachin aufgestellt. Der Brunnen hat nur dekorativen Zweck und zählt eigentlich unter die musealen Sammlungsstücke. Ähnlich ist der sogenannte Nürnberger Erker zu verstehen, der heute schon zum allseits bekannten Bild des Wartburghofes gehört. Er wurde 1872 in Nürnberg vom seinerzeit abgebrochenen Harsdörferschen Haus geborgen und für die Wartburg erworben, ebenso wie 1867 das in die obere Vogtei eingebaute sogenannte Pirkheimerstübchen aus dem Imhoffschen Haus in

Torhaus

Nürnberg; gleichsam handelte es sich um denkmalpflegerische Bergungsakte aus Abrißgebäuden, die den musealen Charakter der ganzen Wartburgerneuerung im 19. Jahrhundert unterstreichen. Auch der Bau der Dirnitz, gewissermaßen das Zeughaus der Wartburg, zwischen vorderem und hinterem Burghof diente musealen Zwecken, und zwar war sie ausschließlich zur Aufnahme der seit 1803 auf der Wartburg befindlichen weimarischen Rüstkammer gedacht. Seit dem Verlust der Rüstkammer in Folge des 2. Weltkrieges hat das Gebäude mehrere Umbauten erfahren und beherbergt heute den größten Teil der Ausstellungsräume des Wartburgmuseums. Vielfach umgebaut wurde auch das Gadem im hinteren, im Palashof, vielleicht tatsächlich einst das Gästehaus; heute enthält es eine Gaststätte und Wohnungen.

Steigt der vordere Burghof nach Süden stark an, so fällt der Palashof nach Süden stark ab. Für den Palas selbst erforderte dies die Substruktionsuntergeschosse. Bevor das untere Plateau erreicht ist, hat die Zisterne ihren Platz gefunden. Kaum glaublich, aber die Wartburg verfügte über keinen einzigen Brunnen, sondern erhielt ihr Wasser vom Brunnen auf dem Elisabethplan. Esel trugen es von der Quelle auf den Berg, woher sich die Eseltreibertradition bis heute mit dem immer noch beliebten „Ritt auf die Wartburg" ableitet. An der Südspitze des Bergplateaus steht der mittelalterliche Wachund Wehrturm, wohl aus dem 14. Jahrhundert. Die den Hof abschließende Mauer steht so tief, daß man über sie weit in den Thüringer Wald blicken kann. Als sie noch einen hölzernen Wehrgang trug, wie er über den Mauern der vorderen Burg erhalten ist, wird der Hof enger gewirkt haben.

Wehrgang an der Westseite der Burg, der Margarethengang

Martin Luther auf der Wartburg

So hoch die Wartburg als baukünstlerische Leistung auch geschätzt werden mag, ihr Palas als beinahe unikale Schöpfung mittelalterlicher Profanarchitektur im transalpinen Europa und ihre von der landschaftsgestalterischen Wirkung bestimmte Erneuerung im 19. Jahrhundert, so wichtig der Ort für die Kulturblüte der spätstaufischen Zeit mit der Anwesenheit der Minnesänger und schließlich der heiligen Landgräfin Elisabeth von Thüringen auch gewesen ist, die eigentliche Bedeutung als Symbol und Denkmal deutscher Geschichte ist der Wartburg durch eine Episode der Reformationsgeschichte zugewachsen, eine Episode, von der man schon auf der Schulbank hört. Am 31. Oktober 1517 hatte Martin Luther, Augustinermönch, Doktor der Theologie und Professor für biblische Lehre, seine 95 Thesen gegen den Ablaßhandel an die Wittenberger Schloßkirchentür geschlagen. Drei Jahre später ward ihm der Bann angedroht, und im April 1521 war er vor Kaiser und Reich nach Worms geladen: Auf dem Reichstag sollte er widerrufen. Da er's nicht tat – „Hier stehe ich und kann nicht anders, Gott helfe mir, Amen" –, hätte ihn das Schicksal jedes Ketzers treffen können, wäre nicht sein Landesherr, der Kurfürst Friedrich der Weise von Sachsen, gleichzeitig sein Schutzherr gewesen. Es war schon in Worms abgemacht, daß Luther untertauchen würde. Er schrieb auf der Rückreise, für die ihm

Luther als Junker Jörg, Holzschnitt von Lucas Cranach d.Ä., wohl 1521/22

Gegenüberliegende Seite: *Lutherstube*

21 Tage freies Geleit zugestanden war, aus Frankfurt am Main nach Wittenberg an den Maler, seinen Freund Lucas Cranach d. Ä.: „Ich laß mich eintun und verbergen, weiß selbst noch nicht wo ...“ An das Predigtverbot hielt sich Luther nicht, und am 2. Mai 1521 predigte er auch in der Georgenkirche zu Eisenach. Auf der Weiterreise am 3. Mai wich Luthers Wagen auf eine Seitenstraße ab, angeblich, um über Möhra, wo er bei Verwandten nächtigte, und am nächsten Tag, Sonnabend nach Cantate, wie es im Schweinaer Kirchenbuch unter Ao 1521 vermerkt ist, also am 4. Mai, über Altenstein und Waltershausen nach Gotha, dem offiziellen Ziel dieses Tages, zu gelangen. Unterhalb der Burg Altenstein ereignete sich dann der fingierte Überfall, und das vorbereitete Versteck war die Wartburg.

Am Abend des 4. Mai, es dürfte schon dunkel gewesen sein, empfing der Schloßhauptmann Hans von Berlepsch seinen Gast, den er bis Anfang März 1522 im ersten Obergeschoß des Vogteigebäudes beherbergte. Die Burgbesatzung lernte ihn erst später kennen, als Junker Jörg mit Vollbart und ohne Tonsur. Wohl fühlte sich Luther im „Reich der Vögel“, seinem „Patmos“, der „Wüstenei“ oder wie er den Ort seines unfreiwilligen Aufenthaltes noch nannte, nicht. Offenbar ist ihm das rauhe Burgleben gesundheitlich nicht gut bekommen, in seinen Briefen klagte er viel. Aber er hat die Zeit genutzt und mehrere Reformationsschriften verfaßt. „Ich schreibe ohne Unterbrechung“, heißt es in einem Brief vom 10. Juni an Spalatin. Verständlich, daß sich die Legende vom Tintenfaß darum rankte, das Luther nach dem Teufel schleuderte, als dieser ihm erschien. Ein vom Putz freies Stück Wand in der Lutherstube markiert die Stelle, an der sich der einst immer wieder erneuerte Tintenfleck befand.

Die große Tat Luthers, die mit seinem Wartburgaufenthalt verbunden wird, aber ist die Übersetzung des Neuen Testaments aus dem griechischen Urtext in sein „geliebtes Deutsch“. In ihr sieht man die Grundlegung der deutschen Schriftsprache bis auf den heutigen Tag. Die studentische Jugend von 1817 hatte das nationsstiftende Element in Luthers Bibelübersetzung erkannt und war deshalb zu ihrem Fest auf die „Lutherburg“ nach Eisenach gezogen. Die kleine Kammer, in der Martin Luther gelebt und gearbeitet hat, ist schon seit dem ausgehenden 16. Jahrhundert Ziel für Besucher zur Verehrung des Reformators gewesen. Ihre heutige Einrichtung entspricht selbstverständlich nicht mehr der damaligen. Nur der Walfischwirbel gehört seit Menschengedenken zum Bestand und soll Luther als Schemel gedient haben. Die Porträts von Luthers Eltern, die wertvollsten unter den Cranachbildern im Museum der Wartburg, hingen einst in dieser Stube und sollten daran erinnern, daß die Bindung der Familie Luther an Eisenach und seine Umgebung – Möhra war der Geburtsort des Vaters – eng gewesen ist. Deshalb schickte man den kleinen Martin auch von 1498 bis 1501 in Eisenach auf die Lateinschule, Luther nannte es später „seine liebe Stadt“.

Schließlich soll nicht unerwähnt bleiben, daß Luther sein Versteck im Dezember 1521 für einige Tage verließ, um in Wittenberg dem Radikalismus des Andreas Bodenstein genannt Karlstadt Einhalt zu gebieten, darunter auch der Bilderstürmerei. Während dieser Tage könnte in Cranachs Atelier das Porträt des Junkers Jörg entstanden sein, das als Holzschnitt und als Gemälde – die Wartburg besitzt eine 1967 angefertigte Kopie nach dem Weimaraner Original – überliefert ist. Anfangs März 1522 kehrte Luther endgültig nach Wittenberg zurück.

Porträt Hans Luther, Lucas Cranach d. Ä., 1527

Porträt Margarete Luther, Lucas Cranach d. Ä., 1527

Das Haus Friedrich des Freidigen, Federzeichnung von Johann Wolfgang von Goethe, 1772

Die Leistung des Historismus

Als man sich im ausgehenden 18. und frühen 19. Jahrhundert der Bedeutung des Ortes für die Geschichte der sich bildenden deutschen Nation bewußt zu werden begann, reiften die Pläne zur Wiederherstellung der Wartburg, zu ihrer „Restauration", und so wurde aus dem historischen Bauwerk ein gebautes Geschichtsmonument, welches, was die Gesamtheit als Bau- und Kunstdenkmal angeht, zu den Hauptwerken des Historismus gezählt wird.

Die Erforschung des Historismus ist heute eine Selbstverständlichkeit. Die Verachtung der baukünstlerischen Leistungen des vorigen Jahrhunderts ist einer Akzeptanz gewichen, der inzwischen schon beachtliche kunstgeschichtliche Forschungsergebnisse zu verdanken sind. Parallel zur Historismusforschung gingen die Arbeiten zur Geschichte der Denkmalpflege, die ganz wesentliche Auskünfte über die Motivation baukünstlerischen Schaffens im 19. Jahrhundert erbracht haben. Die Erkenntnis vom Geschichtswert des Bau-Werks, das dadurch zum Bau-Denkmal geworden ist, und von der historischen Bedeutung des Stils war die Voraussetzung für das zeitgenössische Kunstgeschichtsverständnis und für das zeitgenössische Bauen mit historischen Stilen. Denkmalpflege und Kunstgeschichte sind als historische Disziplinen aus diesem Bruch einer Geschichtskontinuität und der Entstehung eines Geschichtsbewußtseins hervorgegangen. Der Kunsthistoriker lieferte aus der Geschichte die Muster für den Architekten der Gegenwart – was die Baukunst betrifft, verbanden sich die Berufe meist in einer Person, und vielfach trug der Bauherr selbst zu der Gestaltfindung in historischen Formen mit bei – und im Falle des Bauens an einem historischen Bauwerk verstand man dies als eine Restauration.

Nach heutigem Denkmalpflegeverständnis sind derartige Restaurationen eher als zeitgenössische baukünstlerische Leistungen zu werten und auch zu schätzen, weniger als Wiederherstellungen ursprünglicher, meist mittelalterlicher Zustände, eher schon als Zustände, die nach der Vorstellung der Zeit, nach ihrem kunstgeschichtlichen Verständnis die mittelalterlichen hätten sein können. Weil man diese Wiederherstellungen zu Beginn des 20. Jahrhunderts als historisch falsch vermeinte erkannt zu haben, sagte sich die Kunstgeschichte als Wissenschaft vom Historismus des 19. Jahrhunderts los, und die Denkmalpflege begann mit sogenannten Entrestaurierungen, um Originale zurückzugewinnen; eine Illusion, wie wir heute wissen: Man gewann höchstens ein Fragment, einen Torso des Originals bei dem Verlust einer in Form und Stil einheitlichen und vollendeten Schöpfung. Entsprechende Maßnahmen beginnt man heute zu bedauern und den Verlust zu empfinden.

Ich stehe nicht an zu sagen, auf der Wartburg sei ähnliches geschehen, doch die Selbstverständlichkeit, mit der 1953 ein Teil des Mitte vorigen Jahrhunderts neu gebauten herzoglichen Wohngebäudes beseitigt und durch ein Treppenhaus ersetzt worden ist, wäre heute nicht denkbar. Die Maßnahme war jedoch die einzig richtige, antizipatorisch im Hinblick auf die zukünftige Rolle der Wartburg als touristisches Ziel und jetzt schon nicht mehr ausreichend für den gedachten Zweck, nämlich den Besucherstrom zu bewältigen, und was die baukünstlerische Qualität des Neuen Treppenhauses angeht, so trägt es – eine denkmalpflegerische Forderung par excellence erfüllend – die Züge der Entstehungszeit, sachlich und neuromanisch zugleich, materialecht steinern und schmiedeeisern, wie es seinerzeit – 1953 noch – üblich war, nicht frei von Reminiszenzen an jüngst Vergangenes, aber ohne Penetranz und der festlichen Atmosphäre, die den Räumen des Wartburgpalas eigen ist, durchaus entsprechend.

Die Festlichkeit der Wartburgräume – sie ist sprichwörtlich und jedweder wünscht sie sich als Rahmen für repräsentative Veranstaltungen –, sie ist eine Schöpfung des Historismus, überzeugend in ihrem Ergebnis und mit einer Wirkung auf Dauer. An ihrer Hervorbringung waren mehrere deutsche Künstler und Architekten beteiligt, darunter auch der Konservator der Kunstdenkmäler Preußens, Ferdinand von Quast. Seinen Entwürfen kommt für die Gestaltfindung der zu erneuernden Wartburg ganz entscheidende Bedeutung zu. Quast war von Friedrich Wilhelm IV., der bei einem Besuch

Vorderer Burghof vor der Erneuerung, Gemälde eines unbekannten Meisters, um 1820

Ferdinand von Quast, Entwurf für die Wiederherstellung der Wartburg, 1846

1845 von der Wartburg begeistert war, dem Weimarer Hof empfohlen worden. Im Jahr darauf legte der preußische Konservator seine Pläne vor, die im September 1846 Gegenstand einer Begutachtung durch den Architektenverein auf dessen Tagung in Gotha waren. Bei einem Ausflug nach Eisenach fanden sie heftige Kritik. Quast hatte an der Stelle, wo das sog. Neue Haus, der große Fachwerkbau Friedrichs des Freidigen, an den Palas anschloß und an dessen Stelle später die Neue Kemenate errichtet wurde, einen mächtigen Wohnturm vorgesehen, donjonartig, der zur östlichen Talseite und zum vorderen Burghof hin von niedrigeren Anbauten umschlossen war. Details sind in den schließlich vom Großherzog angenommenen und ausgeführten Entwurf des Gießener Architekten Hugo von Ritgen übernommen worden, vor allem der charakteristische, polygonal zum Hang hin vorspringende Erker, dessen zinnenumkränzte Plattform durch eine Pforte vom Wohnturm aus zu betreten gewesen wäre. Quast warf man vor, sein Wohnturm erdrücke den Palas, also den schon damals als den historisch wertvollsten Teil erkannten spätstaufischen Repräsentationsbau. Alles andere sei zu modisch, die Anglizismen des Südturmabschlusses mit Ecktürmchen und die byzantinisierenden Gartenanlagen. Etwas Akropolisromantik aus Schinkels Spätwerk scheint in der Tat mitzuschwingen, vielleicht auch die Kenntnis von dessen Entwürfen für die Burg Stolzenfels bei Koblenz am Rhein. Ob Quast mit dem Wohnturm wirklich so weit von der historischen Wahrheit oder Möglichkeit entfernt war, wie beanstandet wurde und noch wird, ist schwer zu entscheiden. Mit seinem Bemühen, landschaftsgestalterische Mittel für die Wartburgkomposition einzusetzen, war er wohl mehr einer Herausforderung an den Architekten des 19. Jahrhunderts gefolgt, die von der Lage der Burg ausging und die Gestaltung für eine Wirkung in der Landschaft verlangte. Ein ganz entscheidendes Moment war dabei die von Quast vorgenommene und bis dahin oder nur zu seiner Zeit nicht vorhandene Teilung in vorderen und hinteren Burghof durch eine mittlere Torhalle. Quast hatte sie, vermutlich nach dem Vorbild der Gelnhausener Pfalz (oder der römischen Tore im burgundischen Autun, der Porte d'Arroux und der Porte Sainte-André?), mit zwei Torfahrten geplant. Dieser Vorschlag fand keine Kritik, denn Quast hatte damit den raum- und landschaftskompositorischen Nerv der Zeit getroffen.

Der Erfolg, der dann Hugo von Ritgens Schöpfung beschieden war, beruhte auf Ausnutzung der gleichen Gegebenheiten. Auch Ritgen teilte die Burganlage durch eine mittlere Torhalle in die beiden Höfe, von denen der vordere allseitig von Gebäuden und Mauern mit hohen Wehrgängen umschlossen ist, während der hintere auf abfallendem Gelände den Blick freigibt in die Landschaft der Umgebung. Den beinahe theatralisch-perspektivischen Effekt läßt Quasts Entwurf deutlicher erkennen als der von Ritgen. Vermutlich hat Ritgen hier gegenüber Quast im Interesse der Auftraggeber korrigiert, ohne damit aber den tatsächlichen Charakter der Komposition zu beeinträchtigen. Vor allem Bernhard von Arnswald (1807–1877), der erste Burghauptmann auf der erneuerten Wartburg, setzte sich für die Beachtung des „Burglichen" bei der Restauration ein und beklagte Abweichungen davon auch bei Ritgen.

Hugo von Ritgen, der junge Baumeister aus Gießen, ein Schüler Georg Mollers in Darmstadt, war bei dem Vereinstreffen in Gotha zugegen gewesen und hatte wohl auch an dem Ausflug der Architekten nach Eisenach teilgenommen. Er verfaßte daraufhin eine Denkschrift mit dem Titel „Gedanken über die Restauration der Wartburg", die er in Weimar dem Erbgroßherzog unterbreitete. Am Anfang von Ritgens Darlegung hat die Rolle der Wartburg für Deutschland Priorität, erst dann folgen die tatsächlichen Restaurierungsvorschläge. Interessant ist dabei, daß er die „Restauration der Wartburg ein wahres Kunstwerk" nennt, was angesichts der Ergebnisse dann die entscheidende Motivation gewesen zu sein scheint, ein Gesamtwerk in seiner Vollendung zu schaffen. So heißt es dann weiter: „Die beabsichtigte Totalwirkung kann nicht durch die Architektur allein, sondern nur mit Beihilfe von Malerei und Skulptur erreicht werden ... Da es nicht möglich ist ... ein fortwährendes Drama im

Charakter früherer Zeiten aufzuführen, so muß durch historische Malerei ersetzt werden, was hier an Handlung fehlt. Ein nicht minder belebendes Mittel muß die poetische und bedeutsame Decoration der geschichtlich merkwürdigen Räume durch wirkliche alte Meubles und Geräthe, besonders aber die reiche Sammlung von Rüstungen und Waffen im alten Waffensaale werden. Daher ist die Anlegung eines vaterländischen Museums im Landgrafenhause der glücklichste Gedanke ... Wirkliches Leben und höhere Bedeutung aber erhält die ganze Restauration erst durch die Absicht Sr. Königl. Hoheit, von Zeit zu Zeit die Wartburg zu bewohnen, indem nur dadurch der Zauber der Vergangenheit mit dem Reize der Gegenwart vereint werden wird." Ein besseres Zeugnis von Intention und Motivation des Historismus kann man sich eigentlich gar nicht wünschen. Es sollte die Revokation der Geschichte durch die Erneuerung ihres Sachzeugen am historischen Ort erfolgen und die Identifikation mit dieser Geschichte sich im eigenen Lebensstil am gleichen Ort manifestieren.

Vorderer Burghof nach Süden

Was Hugo von Ritgen schließlich unter den Prämissen seiner Denkschrift schuf, war mehr als die rekonstruierende Wiederherstellung einer mittelalterlichen Burg. Zwar stand am Anfang der Arbeiten die Befreiung des Palas von späteren Verbauungen, um seine romanische Gestalt wiederzugewinnen, von der man meinte, das Bauwerk habe sie besessen, als der Sängerkrieg stattfand und die heilige Elisabeth hier lebte. Dann aber begann von Ritgen, die Gesamtanlage aus romanischem Palas und spätgotischem Ritterhaus im ganzen mit der Teilung in vordere und hintere Burg zu einem Architekturbild zu formen. Durch den mittleren Torbau zwischen Dirnitz und Bergfrit, durch einen zumindest in seiner Gestalt frei erfundenen Bauteil, erhielt das Bild nach außen Mitte und Symmetrie und die Burg im Inneren erlebnissteigernde Gliederung insofern, als man vom engen, heimeligen vorderen Hof durch die hoheitsvolle neuromanische Torhalle in den sich weitenden hinteren Hof gelangt, festlich von der mehrgeschossigen Arkadenwand des Palas auf der östlichen Seite eingefaßt und nach Süden den Blick freigebend in die Unendlichkeit der bewaldeten Höhenzüge, ungehindert, weil die zinnenbekrönte

Palashof nach Norden

Wartburg und Metilstein, Zeichnung von Ferdinand Horny, um 1800

Mauer weitaus tiefer liegt als der Standort des faszinierten Betrachters. Ritgen hat ein Architekturbild geschaffen, das weithin in die Landschaft zu wirken imstande ist, und eine innere Architektur, die ihrerseits wieder die Landschaft als Kompositionselement zur dramatischen Erlebnissteigerung hat: Die Abfolge der Höfe, die Verengung des Weges durch das Tor und die Weitung des hinteren Hofes in die Landschaft und den Himmel, eine geradezu theatralische, auch ins Musikalische übertragbar oder umsetzbar vorzustellende Schöpfung. Und schließlich sind die Innenräume des herzoglichen Wohntraktes der Neuen Kemenate dafür ein weiterer Beleg. Ferdinand von Quasts Erker, den von Ritgen übernommen hat, bekommt hier seinen eigentlichen Sinn: Äußerlich mittelalterliche Burg assoziierend, innen ein Fest der Landschaftssicht.

Was in der Mitte des 19. Jahrhunderts zu einem Hauptwerk historistischen Bauens, besser noch, zu einem Hauptwerk des Historismus in der Gesamtheit von Bau- und Kunstwerk mit der Landschaft geworden ist, das hatte eine längere Vorgeschichte. Schon Goethe hatte bei einem Besuch im September 1777 die landschaftliche Faszination des Ortes in einem Brief an Charlotte von Stein beschrieben und eine Empfindung artikuliert, die noch heute nachgefühlt werden kann: „Diese Wohnung ist das Herrlichste, was ich erlebt habe, so hoch und froh, daß man hier nur Gast sein muß, man würde sonst für Höhe und Fröhlichkeit zunicht werden." Seinerzeit ging beim baulichen Zustand der Wartburg ein entsprechender Reiz vom Bauwerk selbst nicht aus, es war nur das Naturerleben, das die Beeindruckung hervorrief. Man wird Goethes Überschwenglichkeit – außer seiner Verliebtheit – dem Zeitgefühl der Empfindsamkeit zugutehalten müssen, das aber in der Konsequenz dann zu der grandiosen Schöpfung aus Baukunst und Landschaft um 1850 führte. Und noch eine Stimme, die sich antizipatorisch am Ende des 18. Jahrhunderts vernehmen ließ, die des späteren Juristen Friedrich Carl von Savigny, seinerzeit ein Zwanzigjähriger: „Eine halbe Stunde vor Eisenach erscheint uns eine große Natur; zu beiden Seiten hohe, steile Berge und Felsen, mit Buchen und Kiefern bewachsen, und plötzlich vor uns der wilde steile Berg, der die Wartburg trägt. Die Burg selbst erscheint von dieser Seite kleinlich und schlecht, die verfallenen Gebäude des Eingangs stehen in keinem Verhältnis zu ihrer Umgebung, besonders wenn man weiß: das ist die Wartburg!" Zur großen Landschaft trat nun auch die große Geschichte ins Blickfeld. Es dauerte noch ein halbes Jahrhundert, bis sich die Erkenntnis vom Geschichtswert der Wartburg auch auf ihre Gestalt auswirkte.

Neue Kemenate

Die Burschenschaft auf der Wartburg

Wohl aber begann der Ort durch den unter napoleonischer Besetzung entstandenen Wunsch nach einer einheitlichen deutschen Nation zu einer Stätte des geschichtlichen Gedenkens zu werden. Der Gästebucheintrag Friedrich Ludwig Jahns vom 24. Juli 1814 ist gleichsam ein Auftakt dazu, nur zu rechtfertigen aus der unmittelbaren Zeitsituation und gerade unter dieser Berücksichtigung erschreckend aktuell: „Der Morgen der neuen deutschen Welt hat begonnen. Wir haben Unglaubliches erlebt und erlitten ..., so werden wir nun endlich an die Herrlichkeit des Deutschen Gemüths glauben, die Ausländerei verbannen, und unsere Volksthümlichkeit verstehen lernen. Überall wo deutsche Zunge redet, sehnt man sich nach einem Deutschen Reiche." Das Gästebuch der Wartburg verzeichnet weitere Eintragungen solchen Inhalts aus der Zeit um 1815. Die Enttäuschung nationaler Erwartungen durch die Gründung des Deutschen Bundes aus 38 Staaten, die unter Führung des metternichschen Österreich versprochene Konstitutionen auf unbestimmte Zeit verschoben, drückt sich darin aus. Großherzog Carl August allein hatte 1816 seinem damals 200.000 Einwohner zählenden Land eine Verfassung gegeben, was dann ein Jahr später auf dem Wartburgfest der Studenten dankbar gewürdigt wurde.

Das Wartburgfest war veranstaltet von Studenten der „Salana", der thüringisch-ernestinischen Landesuniversität in Jena. Am 12. Juli 1815 war in Jena beschlossen worden, die studentischen Landsmannschaften aufzulösen. An ihre Stelle trat die Burschenschaft, in der die Studenten ohne Landes- und Standesunterschiede zusammengeschlossen sein sollten. Für ihre Fahne wählten sie die Farben Schwarz, Rot und Gold des Lützowschen Freikorps, die auch die im Festsaal des Wartburgpalas hängende Kopie des Jenenser Originals zeigt. Mit ihrem Bewußtsein von einer einheitlichen deutschen Nation waren sie Johann Gottlieb Fichte und Ernst Moritz Arndt verpflichtet. Die Burschenschaft wurde zum Träger des Strebens nach nationaler Einheit aller Deutschen, und sie lud die Studenten in Deutschland zum 18. Oktober 1817, dem Jahrestag der Völkerschlacht bei Leipzig (der mit Freudenfeuer auch schon 1814 auf der „Schanze vor der Wartburg" gefeiert worden war) und im Jahre des 300. Jubiläums des Thesenanschlags Dr. Martin Luthers zu einem Fest auf die Wartburg. In der Einladung an die deutschen Universitäten, der 468 Studenten folgten, wurde die Wahl des Datums damit begründet, daß „das Fest in drei schönen Beziehungen, nämlich der Reformation, des Sieges bei Leipzig, und der ersten freudigen und freundschaftlichen Zusammenkunft deutscher Burschen von den meisten vaterländischen Hochschulen am dritten großen Jubiläum der Reformation" begangen werden könne. Damit kam die Burg zum ersten Mal als historischer Ort in das aktuelle politische Bewußtsein der deutschen Öffentlichkeit.

Die Veranstaltung hatte Brisanz, die Nachbarstaaten des Herzogtums signalisierten Bedenken, ein preußisches Regiment hielt Einzug in Eisenach. Dennoch verlief das Meeting ungestört. Die Festversammlung sah den Festsaal im Palas, der damals niedrig und holzumkleidet war, und dessen Wände noch die lebensgroßen Fürstenbildnisse der Renaissance schmückten, „ein herberes, burgenhafteres Bild als das heutige, romantisierte des mittleren 19. Jahrhunderts!" (Mit dem Ausrufezeichen hinter dem Zitat distanzierte sich Siegfried Asche, der Bauherr des Neuen Treppenhauses um 1953, vom Ergebnis der Burgenerneuerung des 19. Jahrhunderts.) Die Festrede des Theologiestudenten Riemann aus Jena nahm zunächst auf Luther und die Bedeutung seiner Bibelübersetzung für die Sprache des deutschen Volkes Bezug, um dann die Freiheitskriege als nationbildend zu würdigen und die vereitelten Hoffnungen auf ein einheitliches Vaterland zu beklagen. Es war eine Demonstration gegen die Übermacht territorialstaatlicher Gewalten, wie sie in Form der zahlreichen Fürstentümer im deutschen Sprachraum einer Vereinigung im Wege standen. Am folgenden Tag wurden die Entschließungen gefaßt, wieder auf der Wartburg, in denen die programmatischen Worte stehen: „Ein Deutschland ist und ein Deutschland soll sein und bleiben."

1817 wurde die Rolle der Wartburg als symbolischer Ort für die Entstehung deutscher Einheit durch das Wartburgfest der deutschen Burschenschaft festgeschrieben. Aus der Wahl des Ortes für ihr Fest und aus dem Inhalt der Festrede ist zu entnehmen, daß die Wartburg als Zeuge deutscher Geschichte von der Burschenschaft erkannt war, und diese Erkenntnis wachzuhalten und verbreitet zu haben – als akademische Lehrer der Nation – ist das besondere Verdienst der Studenten von 1817.

Geschichtsmonument und Denkmallandschaft

Daß daran der Wunsch nach einer Wiederherstellung, nach einer Restauration geknüpft werden würde, war zu erwarten. Aber es ist nicht überliefert, daß er aus der breiten Öffentlichkeit Deutschlands gekommen wäre. Vielmehr kam er von der Großfürstin Maria Pawlowna, Tochter des russischen Zaren Pauls I. und seit 1804 Gemahlin des Großherzogs Carl Friedrich von Sachsen-Weimar. Ihr Sohn Carl Alexander (geboren 1818, gestorben 1901, Großherzog seit 1857) berichtet in seinen „Erinnerungen zur Geschichte der Wiederherstellung der Wartburg“ (in Baumgärtels Monumentalwerk), wie er mit seiner Mutter durch die Wartburg ging und sie beiläufig zu ihm sagte: „Du solltest einmal daran denken, dies wiederherzustellen.“ Das war im Jahre 1838, Carl Alexander griff den Gedanken sofort auf und hielt sein Leben lang daran fest. Man begann mit rein bautechnischen Arbeiten, Sicherungen und Freilegungen verbauter historischer Teile. Der Palas trat mit seinen mehrgeschossigen Arkadenreihen zur Hofseite wieder in Erscheinung und zeigte sich als Prunkstück spätstaufischer Reichsarchitektur des späten 12. Jahrhunderts. Baurat Sältzer, der schon 1817 auf der Burg tätig war, sorgte für Aufmaße und Kostenanschläge. Der Maler Simon, den Carl Alexander offenbar recht schätzte, legte seine „archäologische Skizze“ vor. Doch den Entwürfen Simons, die im ganzen schon an das Schloß Neuschwanstein des bayerischen Königs Ludwig II. gemahnen, war jede Annahme versagt. Man wartete über die Revolutionszeit von 1848 hinaus, bis Hugo von Ritgen als der von Carl Alexander und seinem Burghauptmann Bernhard von Arnswald für geeignet gehaltene Architekt den Auftrag für die Erneuerung, die Wiederherstellung, die Restauration der Wartburg erhielt. Als die Bau-

Mittelalterlicher Wachturm der Wartburg, August von Wille, 1852

arbeiten schon voll im Gang waren, formulierte Carl Alexander noch einmal bei der Grundsteinlegung für den Bergfried 1853 in einem auf Pergament geschriebenen Dokument die „leitenden Gesichtspunkte, an welchen die Restauration festzuhalten habe: Erstens die historisch- und politisch-faktische Bedeutung der Wartburg, zweitens ihre Bedeutung für die Entfaltung des Geistes und namentlich der Poesie, drittens ihre Bedeutung für die Reformation und viertens ihre katholisch-religiöse Bedeutung." Der historische und politische Anspruch für die Burgerneuerung war damit ausgedrückt, nicht anders als bei anderen als Nationaldenkmale erneuerten, wiederhergestellten oder neugebauten Monumenten in den deutschen Teilstaaten. Vielleicht kann man der Wartburg aber bescheinigen, daß sie entsprechende Gefühlswerte auf Dauer getroffen hat, die bei den anderen abhanden gekommen sind oder dort ständiger Revokation bedürfen. Nach einer rationalen Erklärung dafür zu suchen, verbietet sich bei einem Werk der späten (verspäteten?) Romantik und bei Kenntnis des Irrationalismus seiner Entstehungszeit.

Gleichzeitig mit der Erneuerung, mit der Errichtung von Bergfried, Torhalle, Söller und Dirnitz, und mit der Vollendung des äußeren Bildes der Burg, vollzog sich auch die innere Ausgestaltung des mittelalterlichen Palas, die Ausmalung seiner Räume im zweiten und dritten Geschoß. Beinahe könnte man sagen, schon der Gründung der Burg habe eine Bevorzugung des Platzes wegen der schönen Landschaft zugrunde gelegen, zumindest suggeriert das die Sage mit dem Ausruf Ludwig des Springers: „Wart' Berg, du sollst mir eine Burg tragen" und ihre Darstellung durch Moritz von Schwind. Der in Wien gebürtige und seinerzeit in München lebende Maler, der sich mehrfach mit dem Gedanken trug, nach Weimar zu übersiedeln, erhielt den Auftrag, die Repräsentationsräume des Hauptgeschosses mit Inhalten der Wartburggeschichte auszumalen. Das Landgrafenzimmer, dessen Balkendecke jene hohe Säule mit Löwenbasis und Adlerkapitell trägt, erhielt in Supraportenhöhe einen Bilderfries mit Darstellungen von der Entdeckung des Platzes, auf dem später die Burg stehen sollte, bis zur Flucht Friedrich des Gebissenen nach Tenneberg, um seine Tochter zu taufen, also Geschichte Thüringens von 1067 bis 1306. Den Sängersaal, den Festsaal des Erstbaues vom Palas, schmückt das Bild vom Sängerkrieg, der nach der Legende 1206/07 auf der Burg stattgefunden hat, und der Galeriekorridor vor den Räumen des Hauptgeschosses wurde durch die Bilder aus dem Leben der heiligen Landgräfin zur Elisabethgalerie. Das Bildprogramm der Elisabethgalerie ist durch Medaillons mit Darstellungen der Werke der Barmherzigkeit bereichert und sakralisiert worden. Die Galerie war der Zugang, die Vorhalle, das Paradies zur Kapelle, die man durch das Portal unter einem Kruzifix betrat.

Während die Erdgeschoßräume zur zeitweiligen Benutzung durch die herzogliche Familie eingerichtet und dafür Kunst und Kunsthandwerk des Mittelalters und der Renaissance gesammelt worden waren, sind die Räume des Hauptgeschosses als Geschichtsstätte für die Besucher gedacht gewesen. Die Kapelle und den oberen Festsaal hat der Kölner Kirchenmaler Michael Welter im neuromanischen Stile dekoriert. Das figürliche Programm entspricht ganz dem Geschichtsverständnis von der rezipierten Epoche um 1200, ist kunstgeschichtlich in historistischem Sinne intendiert und entzieht sich deshalb der volkstümlichen Zugänglichkeit der Schwindfresken. Es besteht zwischen den Schwindschen Malereien und der figürlichen Bemalung der Festsaalschmalseiten ein bemerkenswerter Unterschied: Schwind malte die Legenden der landgräflichen Geschichte, des Sängerkriegs und der Elisabethvita im spätromantischen Zeitstil persönlicher Prägung. Welter und seine Gehilfen versuchten sich im vermeintlichen Stil der Entstehungszeit des Palas und machten dafür Anleihen bei der Buchmalerei des früheren 13. Jahrhunderts (der Entstehungszeit der beiden Wartburgpsalter, des Landgrafenpsalters, der sich in Stuttgart befindet, und des Elisabethpsalters, der faktisch unzugänglich in Cividale verwahrt wird). Inhaltlich meinen beide Maler dasselbe, die Erinnerung an die Geschichte des Ortes. Aber Schwind erzählt, wie Ritgen es wünschte, damit historische Malerei das nicht mögliche „fortwährende Drama im Charakter früherer Zeiten" ersetzt. Die anderen dagegen imitierten ein mittelalterlich gemeintes Original. Die Entwürfe, soweit sie von Ritgen selbst dafür angefertigt wurden, waren für bewohnte oder bewohnbare Räume gedacht und sahen über die bloße Dekoration auch Einrichtungsgegenstände mittelalterlichen Stils vor, Möbel (der „Minnesängerschrank"), Wandbehänge, Gerät. Der Wille zum lebensfähigen und erlebbaren Gesamtkunstwerk ist immer wieder zu spüren.

Als letzte Bildausstattung erhielt der Palas die Glasmosaiken in der Elisabethkemenate, ein Geschenk Kaiser Wilhelms II. an den mit ihm verwandten Weimarer Hof. Nach den Entwürfen von August Oetken in Berlin schuf die Firma Puhl und Wagner 1902–06, ein halbes Jahrhundert nach Moritz von Schwind, noch einmal einen Elisabeth-

Die Gründung der Wartburg durch Ludwig den Springer: „Wart' Berg, Du sollst mir eine Burg tragen", Fresko im Landgrafenzimmer von Moritz von Schwind, 1854

zyklus in der Wartburg. Ihr Stil kann als byzantinisierend bezeichnet werden, sie sind dazu aber voller zeitgeschichtlicher Anspielungen. Ein Porträt des Kaisers findet sich unter den Kreuzfahrern, und die Vermutung, daß hier Bezug genommen worden ist auf Wilhelms Palästinareise 1898, drängt sich auf.

Zum Abschluß sei noch einmal Hugo von Ritgen zitiert: „Die Wartburg soll wiederhergestellt werden möglichst treu in ihrer frühern Gestalt, damit sie ein treues Bild gebe zunächst von ihrer Glanzperiode im 12. Jahrhundert als Sitz mächtiger kunstliebender Landgrafen, und als Kampfplatz der größten deutschen Dichter des Mittelalters; und dann später im Anfange des 16. Jahrhunderts als Asyl Dr. M. Luthers und als Stelle, von der der große Glaubenskampf ausging." Und Ritgen fährt fort: „Die erste Glanzperiode ... umfaßt drei gesonderte Momente, in ihr entwickelte sich nicht nur erstens die Geschichte der ersten Landgrafen und zweitens die Geschichte Thüringens, ja ganz Deutschlands, sondern in ihr erlangte auch drittens die deutschmittelalterliche Poesie ihren Höhepunkt. Der Schauplatz von dem Allen aber war das Landgrafenhaus und die Hofburg der Wartburg. Diese Hofburg also im Style und in den Einrichtungen des 12. Jahrhunderts wiederherstellen, war die erste Aufgabe. – Die bescheidene Wohnung Dr. M. Luthers hat sich zum Glück unverändert vom Jahre 1521 bis auf den heutigen Tag erhalten und muß wie ein Heiligtum unverändert erhalten werden." Eine Auffassung ganz im Sinne heutiger Denkmalpflege. Weiter im Zitat: „Auch das Ritterhaus selbst und die ganze Vorburg tragen noch durchweg den Styl und die Einrichtung des 16. Jahrhunderts, es gibt also hier weniger zu restaurieren als zu erhalten, um den Schauplatz, von welchem die Reformation ausging, treu für die Nachwelt aufzubewahren. Zwei große Perioden in der Geschichte der Menschheit ... sind es also, welche die Restauration der Wartburg treu, und doch verklärt, in unser Gedächtnis rufen soll". Man wird dem Meister bescheinigen können, daß er die „große schöne, aber auch schwere Aufgabe" – so wieder seine eigenen Worte – der Verklärung der Geschichte mit den Mitteln von Architektur und bildender Kunst überzeugend bewältigt hat. Die Urheber werden die tatsächliche Wirkung ihrer Schöpfung, wenn auch gewollt, so doch nur geahnt haben; das Faszinosum ist immanent wie in Richard Wagners Musik. Die Überwältigung des bayerischen Königs Ludwig II. ist ein schöner Beleg dafür. Er war anwesend und fasziniert, als Franz Liszt 1867 das Oratorium „Legende von der heiligen Elisabeth" dirigierte. Als „Sängersaal" ließ er den Festsaal der Wartburg auf seinem Märchenschloß Neuschwanstein kopieren.

Dieses „verklärte" Bild von der Wartburg kennt die Welt, dieses Bild hat die immer beschworene Symbolbedeutung für die deutsche Geschichte, mit diesem Bild verbinden sich die historischen Ereignisse, die Gründung der Burg auf dem geraubten Berg durch Ludwig den Springer, der Sängerkrieg, die Elisabethlegende, Luther als Junker Jörg, die Bibelübersetzung, die Burschenschaften. Alle diese Ereignisse kannten dieses Bild der Burg nicht. Es wurde erst um ihretwillen gebaut als ein Geschichtsmonument der Nation.

Ritterbad

Die vielen Besucher der Wartburg zollen dieser geschichtlichen Bedeutung ihren Respekt und bewundern die Gestalt, das Bild der als Inbegriff einer deutschen Burg des Mittelalters geltenden Anlage. Tatsächlich hat sich die Wartburg durch ihre Erneuerung vom Charakter einer echten mittelalterlichen Burg weitgehend entfernt. Ihre „Schwesterburgen" in Thüringen, die Creuzburg, die Runneburg in Weißensee, die Neuenburg bei Freyburg an der Unstrut, die alle die ludowingischen Landgrafen zu Bauherren hatten und hinsichtlich ihrer Baufläche viel größer sind und hinsichtlich ihres baukünstlerischen Aufwandes der Wartburg zumindest kaum nachstanden, diese Burgen haben ihre mittelalterlichen Reste unter neueren Verbauungen oder als Ruinen erhalten. Sie werden vorerst meist nur von speziell interessierten Besuchern aufgesucht. Die Wartburg hingegen mit dem Flair eines Gesamtkunstwerkes, eines Monuments der deutschen Geschichte und eines Denkmals des Christentums – das goldene Kreuz auf dem Bergfried gibt es nur hier – wirkt wie ein Magnet, gewiß auch ihre Lage in der Landschaft.

Das spätere 19. und frühe 20. Jahrhundert hat diese Wirkung städtebaulich und landschaftsgestalterisch genutzt. Die Wartburg war aus dem mittelalterlichen Eisenach nicht direkt einsehbar. Erst wenn man sich nach Süden auf der Straße nach Meiningen aus der Stadt begab, trat die Burg über dem Helltal, die Landschaft krönend, voll ins Blickfeld. Diese Sichtbeziehung hat die Anlage der Südstadt Eisenachs um den Kartausgarten entscheidend beeinflußt, sie kulminierte in der Aufstellung des Denkmals Carl Alexanders (1909 von Hermann Hosaeus) in der direkten Sichtachse zur Burg. Aber auch die Platzwahl für das Burschenschaftsdenkmal von Wilhelm Kreis aus den Jahren 1899–1902 scheint diese Sichtbeziehung bewußt angestrebt zu haben. Jedenfalls stehen sich die beiden Denkmäler inhalts- und symbolbeladen gegenüber und nehmen die Stadt Eisenach zwischen sich, machen sie zum Bestandteil einer Denkmallandschaft per excellence, zu der als drittes der 1968 gesprengte Bismarckturm auf dem Wartenberg gehört hat. Diese Denkmallandschaft hatte ihre Wurzeln im historischen Bauwerk der Wartburg, die durch ihre Restauration erst den eigentlichen Denkmalcharakter erhielt. Städtebau und Landschaftsgestaltung haben ihn um 1900 potenziert. „Wartburgblicke" gehören zu den Ausflugszielen der Umgebung, die Autobahn hat das Wartburgpanorama in der Straßenführung berücksichtigt. Die landschaftliche Position trägt wesentlich bei zur Faszination, die von dem Phänomen Wartburg ausgeht, und ist einer der Gründe für den gegenwärtigen Massentourismus.

Nach der Abdankung der deutschen Fürsten und der Ausrufung der Republik 1918 schlossen die Nachfolgerregierungen der thüringischen Teilstaaten Auseinandersetzungsverträge über Vermögen und Besitzungen der ehemaligen Fürsten- und Herzogtümer. Das großherzogliche Haus Sachsen-Weimar und Eisenach und die Gebietsregierung Weimar verfügten in einem solchen Vertrag über die Wartburg, daß das Eigentum an der Wartburg mit kronfiskalischer Umgebung einer zu gründenden Stiftung des öffentlichen Rechts übertragen wird, der die Erhaltung der Burg sowie der Kunstschätze zur Aufgabe gemacht wird. In der Stiftungssatzung von 1922 heißt es: „Die Stiftung hat den Zweck und die Aufgabe, die Burg und ihre Kunstschätze ihrer geschichtlichen Bedeutung entsprechend dem deutschen Volke zu erhalten und der Allgemeinheit zugänglich zu machen." Diese Stiftung besteht und erfüllt die ihr gestellte Aufgabe bis heute.

Als die Wartburg am Ende des 11. Jahrhunderts gegründet wurde, war sie eine Grenzfeste. Dank der

Politik ihrer Gründer, der ludowingischen Landgrafen von Thüringen, blieb sie es nicht, sondern wurde zum Mittelpunkt der Herrschaft, verbunden mit hoher Kultur. Der Blick auf die Geschichte der Wartburg lehrt, sie war nicht zur Grenzfestung geschaffen, der geographischen Lage nach war ihr die Bedeutung zu Einheit und Vereinigung immanent. Die Grenzziehungen der Jahrhunderte haben der geschichtlichen Rolle und Bedeutung der Wartburg nichts anhaben können, auch nicht, als direkt neben Eisenach der schmerzliche Riß durch Deutschland und Europa ging. Die Wartburg hat gerade in dieser Zeit ihre Symbolwirkung bewahrt. Versuche, die Wartburg in chauvinistischem Sinne zu mißbrauchen, die es in der Geschichte Deutschlands während des 20. Jahrhunderts durchaus gegeben hat, haben dem ihr entgegengebrachten Respekt nicht geschadet. Perversion stellt Legitimation nicht in Frage, merkte Thomas Nipperdey in einer Rede auf der Wartburg 1990 dazu an. Die Wartburg ist als Wahrzeichen deutscher Geschichte bis heute und in aller Welt bleibend verehrt, und ihr Bedeutungswert in der Geschichte wie auch ihre symboltragende Wirkung in der Gegenwart stehen außer Frage. Die 1999 erfolgte Aufnahme in die Liste des Welterbes der UNESCO hat dies erneut unter Beweis gestellt.

Ansicht der Wartburg von Norden

Frau mit Kind, Gemälde von Lucas Cranach d. Ä.

Literatur (Auswahl)

Asche, Siegfried: Die Wartburg. Dresden 1955. Überarbeitete und erweiterte Neuauflage Dresden 1960.

Ders.: Die Wartburg. Geschichte und ihre Kunstwerke. Eisenach 1954.

Baumgärtel, Max (Hrsg.): Das Wartburg-Werk. Die Wartburg – ein Denkmal deutscher Geschichte und Kunst. Berlin 1907.

Ders.: Der Führer durch die Wartburg und Eisenach. Berlin o. J.

Badstübner, Ernst: Friedrich Wilhelm IV. von Preußen, Ferdinand von Quast und die Wartburg. In: Wartburg-Jahrburch 1995, S. 102–111.

Badstübner-Gröger, Sibylle; Findeisen, Peter: Martin Luther. Städte – Stätten – Stationen. Berlin 1983, 1990².

Diener-Schönberg, Alfons: Die Waffen der Wartburg. Berlin 1912.

Eckstein, Dieter; Eißing, Thomas; Klein, Peter: Dendrochronologische Datierung der Wartburg und Aufbau einer Lokalchronologie für Eisenach/Thüringen. Köln 1992.

Elisabeth, der Deutsche Orden und ihre Kirche. Festschrift 700 Jahre Elisabethkirche in Marburg 1283–1983. Hrsg. von Udo Arnold und Heinz Lieburg. Marburg 1983.

Sankt Elisabeth. Fürstin – Dienerin – Heilige. – Aufsätze, Dokumentation, Katalog. Hrsg. von der Philipps-Universität Marburg. Sigmaringen 1981.

Fischer, Walter: Der Wartburgkrieg. In: Wartburg-Jahrbuch 1934. Eisenach 1935.

Gabelentz, Hans von der: Die Wartburg. Ein Wegweiser durch ihre Geschichte und Bauten. München 1931.

Ders.: Richard Wagner und die Wartburg. In: Wartburg-Jahrbuch 1930. Eisenach 1930.

Ders.: Ein Jahrzehnt deutscher Geschichte in Wartburg-Stammbüchern (1810–1819). In: Wartburg-Jahrbuch 1935. Eisenach 1935.

Ders.: Das Wartburg-Museum. In: Wartburg-Jahrbuch 1938. Eisenach 1939.

Ders.: Wartburgschicksal. Aus dem Leben eines deutschen Romantikers. Hamburg 1934.

Golter, Wolfgang: Franz Liszt – Weimar – Wartburg – Wahnfried. In: Wartburg-Jahrbuch 1935. Eisenach 1935.

Hintzenstern, Herbert von: 300 Tage Einsamkeit. Berlin 1967.

Höfer, Conrad: Der Sängerkrieg auf der Wartburg. Eine Studie zur Geschichte und Deutung des Schwindschen Bildes. Jena 1942 (= Zeitschrift des Vereins für Thüringische Geschichte, 26. Beiheft).

Hotz, Walter: Kaiserpfalzen und Ritterburgen in Franken und Thüringen. Berlin 1940.

Lemmer, Manfred: Thüringen und die deutsche Literatur des hohen Mittelalters. Eisenach 1981.

Lietzmann, Hans: Luther auf der Wartburg. Berlin 1928.

Mrusek, Hans-Joachim: Thüringische und sächsische Burgen. Leipzig 1965.

Patze, Hans: Die Entstehung der Landesherrschaft in Thüringen, 1. Teil. Köln/Graz 1962.

Ders. und Schlesinger, Walter: Geschichte Thüringens, 2. Band 1. und 2. Teil. Köln/Wien 1973 und Köln 1974.

Puttrich, Ludwig: Mittelalterliche Bauwerke im Großherzogtum Sachsen-Weimar-Eisenach. Leipzig 1847.

Ressel, Gert: Schwarzrheinsdorf und die frühstaufische Kapitellplastik am Niederrhein, Köln 1977.

Ritgen, Hugo von: Der Führer auf der Wartburg. Ein Wegweiser für Freunde und ein Beitrag zur Kunde der Vorzeit. Leipzig 1860.

Scheidig, Walter: Goethe und die Wartburg. Weimar 1966.

Schmolitzky, Oskar: Das Fachwerk der Wartburg. In: Deutsches Jahrbuch für Volkskunde 10 (1964).

Schwarz, Hilmar: Die Ludowinger, Eisenach 1993.

Ders.: Zu den ältesten bildlichen Darstellungen der Wartburg. In: Wartburg-Jahrbuch 1993.

Ders.: Die Wettiner. Eisenach, Leipzig 1994.

Simon, Karl: Zur Datierung des Landgrafenhauses auf der Wartburg. In: Der Burgwart (= Zeitschrift für Burgenkunde und mittelalterliche Baukunst) III (1902).

Steiger, Günther: Aufbruch. Urburschenschaft und Wartburgfest. Leipzig/Jena/Berlin 1967.

Ders.: Urburschenschaft, 1990.

Streisand, Joachim: Die Wartburg in der deutschen Geschichte. Berlin 1954.

Swoboda, Karl M.: Römische und romanische Paläste. Wien 1918.

Voß, Georg: Die Wartburg. Jena 1917 (= Bau- und Kunstdenkmäler Thüringens, Heft 41)

Ders.: Die Wartburg. Burg 1925 (= Deutsche Bauten 2)

Wartburg-Jahrbuch 1923–1938, hrsg. von den Freunden der Wartburg e.V., NF 1992ff. hrsg. von der Wartburg-Stiftung Eisenach, mit Bibliographien.

Wessel, Klaus: Das Wartburgfest der deutschen Burschenschaft. Eisenach 1954.

Ders.: Luther auf der Wartburg. Eisenach 1954.

Der Südturm mit Zisterne